Edvard Grieg
(1843-1907)

Holberg-Suite
and Moods, Song Arrangements
und Stimmungen, Liedbearbeitungen
et impressions, mélodies

for piano · für Klavier · pour piano

Urtext

MUSICA PIANO

OVER 25.000 PAGES OF PIANO
MUSIC SHEETS ONLINE

Bach, Beethoven, Brahms, Chopin, Czerny, Debussy, Gershwin, Dvořák, Grieg, Haydn, Joplin, Lyadov, Mendelssohn-Bartholdy, Mozart, Mussorgsky, Purcell, Schubert, Schumann, Scriabin, Tchaikovsky and many more

KÖNEMANN

© 2018 koenemann.com GmbH
www.koenemann.com

Editor: Thomas Aßmus
Responsible co-editor: István Máriássy
Technical editor: Desző Varga
Engraved by Kottamester Bt., Budapest

critical notes available on www.frechmann.com

ISBN 978-3-7419-1471-3

Printed in China by Reliance Printing

K 188

INDEX

Fra Holbergs tid Op. 40 4
From Holberg's Time – Aus Holbergs Zeit – Du temps de Holberg
Suite in Old Style

Klaverstykker etter egne sanger Op. 41
Piano transcriptions of own songs – Klavierstücke nach eigenen Liedern
Transcriptions d'après ses propres mélodies
    1. **Vuggesang** 22
       Cradle Song – Wiegenlied – Berceuse
    2. **Lille Haakon** 24
       Margaret's Cradle Song – Margaretens Wiegenlied – Berceuse de Margaret
    3. **Jeg elsker dig** 27
       I love Thee – Ich liebe dich – Je t'aime
    4. **Hun er så hvid** 30
       My Love is so Pure – Sie ist so weiß – Plus blanche est mon amour
    5. **Prinsessen** 31
       The Princess – Die Prinzessin – La Princesse
    6. **Til våren** 36
       To Spring – Dem Lenz soll mein Lied erklingen – Au printemps

Klaverstykker etter egne sanger Op. 52
Piano transcriptions of own songs – Klavierstücke nach eigenen Liedern
Transcriptions d'après ses propres mélodies
    1. **Modersorg** 40
       A Mother's Grief – Mutterschmerz – Deuil maternal
    2. **Det første møte** 43
       The First Meeting – Erstes Begegnen – Première rencontre
    3. **Du fatter ej bølgernes evige gang** 46
       The Poet's Heart – Des Dichters Herz – Le cœur du poète
    4. **Solveigs sang** 49
       Solveig's Song – Solveigs Lied – Chanson de Solveig
    5. **Kjaerlighed** 52
       Love – Liebe – Tendresse
    6. **Gamle mor** 55
       The Old Mother – Die alte Mutter – La vieille mère

Stemninger Op. 73
Moods – Stimmungen – Impressions
    1. **Resignasjon** 58
       Resignation
    2. **Scherzo-Impromptu** 60
    3. **Nattlig ritt** 64
       Night Ride – Nächtlicher Ritt – Chevauchée nocturne
    4. **Folketone** 69
       Folk Melody – Volkston – Mélodie populaire
    5. **Studie** 70
       (Hommage à Chopin)
    6. **Studenternes Serenade** 74
       Students' Serenade – Serenade der Studenten – Sérénade estudiantine
    7. **Lualåt** 76
       Mountaineer's Song – Gebirgsweise – Chant du montagnard

Dansen går 79
In the Whirl of the Dance – Im wirbelnden Tanz – Danse tourbillonnante

Fra Holbergs tid
From Holberg's Time – Aus Holbergs Zeit – Du temps de Holberg
Suite in Old Style

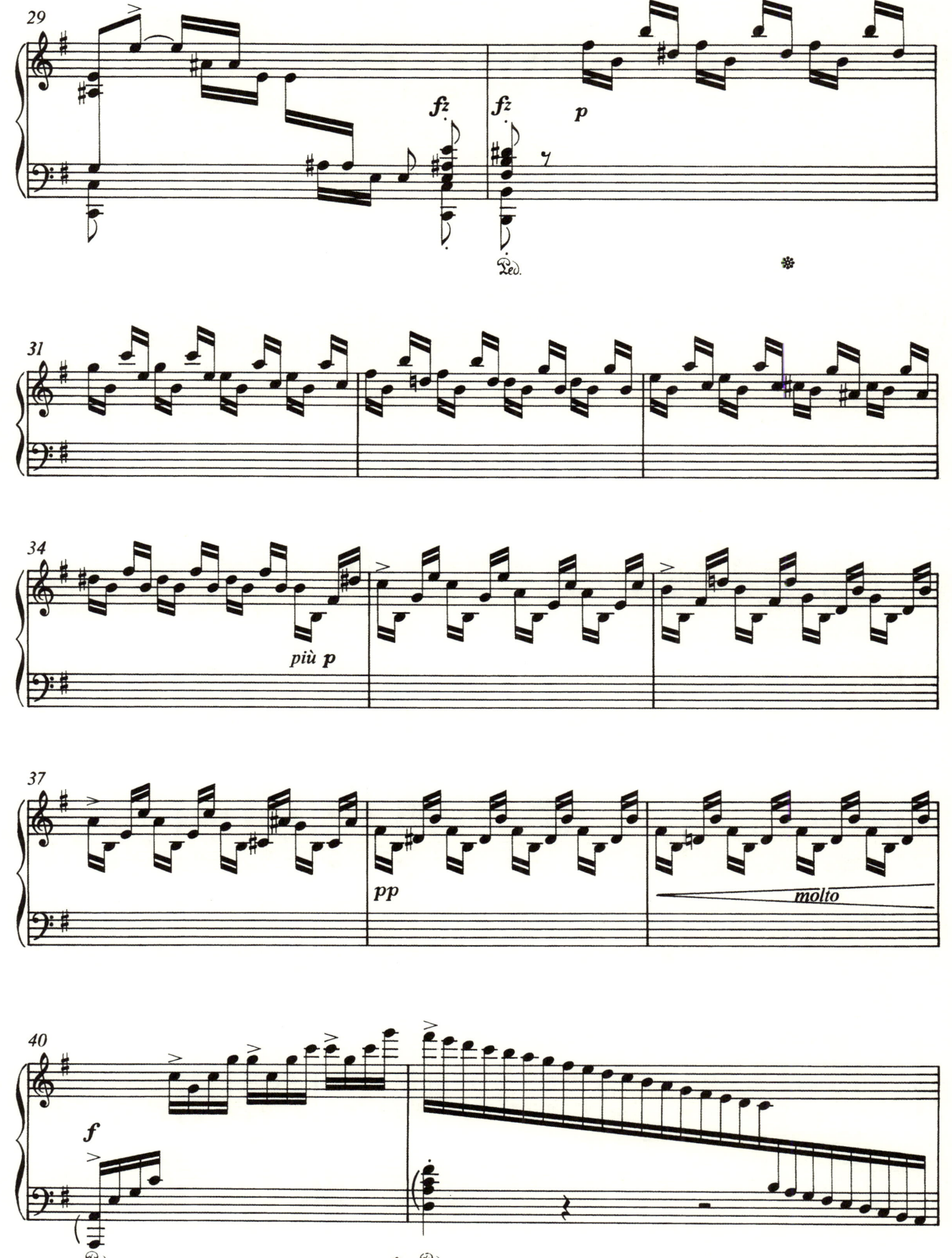

Musette
Un poco più mosso

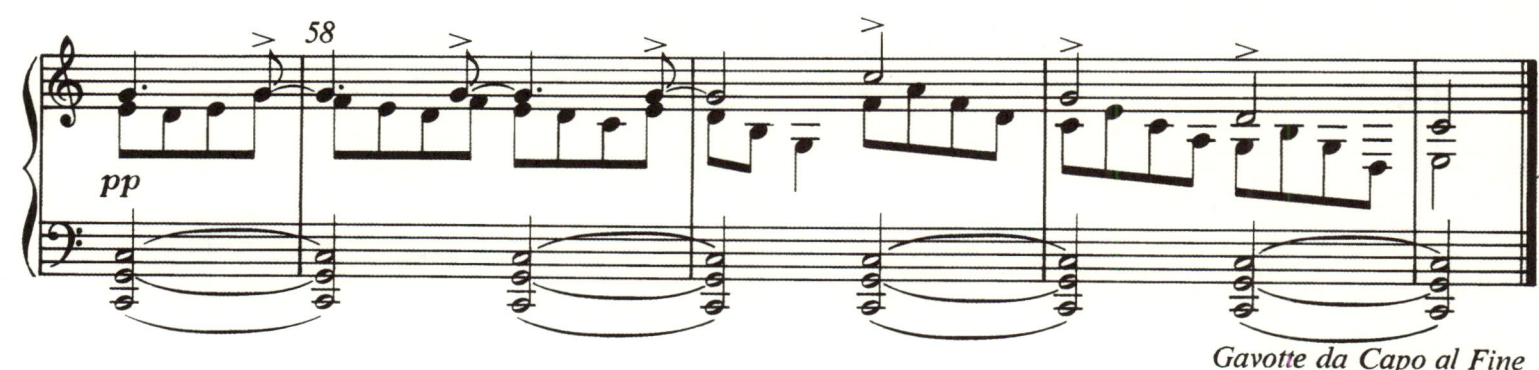

Gavotte da Capo al Fine

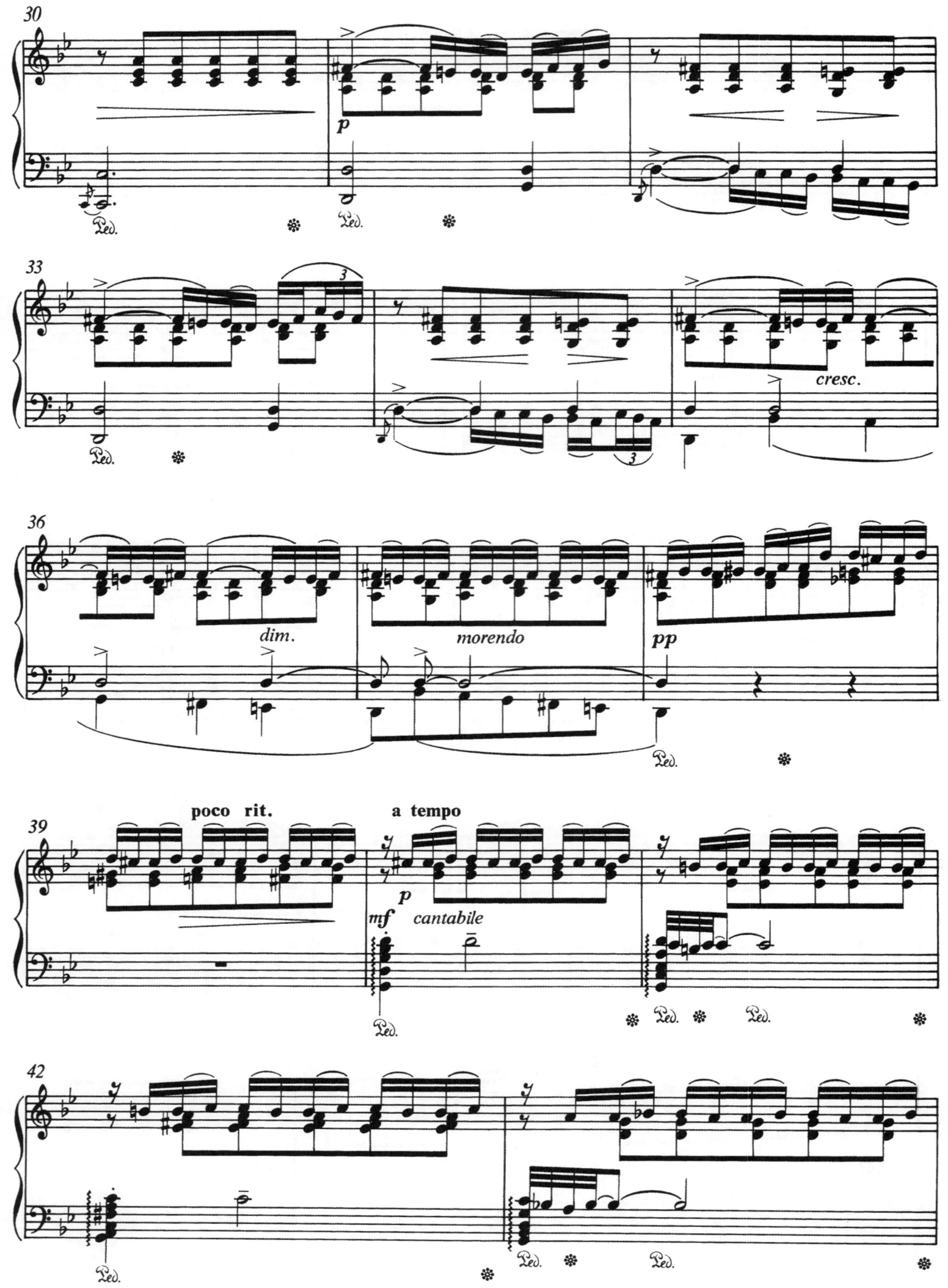

Trio

Rigaudon da capo al fine
ma senza ripetizione

Klaverstykker etter egne sanger
Piano transcriptions of own songs – Klavierstücke nach eigenen Liedern
Transcriptions d'après ses propres mélodies

Op. 41

Vuggesang
Cradle Song – Wiegenlied – Berceuse

Lille Haakon
Margaret's Cradle Song – Margaretens Wiegenlied – Berceuse de Margaret

Jeg elsker dig
I love Thee – Ich liebe dich – Je t'aime

Hun er så hvid
My Love is so Pure – Sie ist so weiß – Plus blanche est mon amour

Prinsessen
The Princess – Die Prinzessin – La Princesse

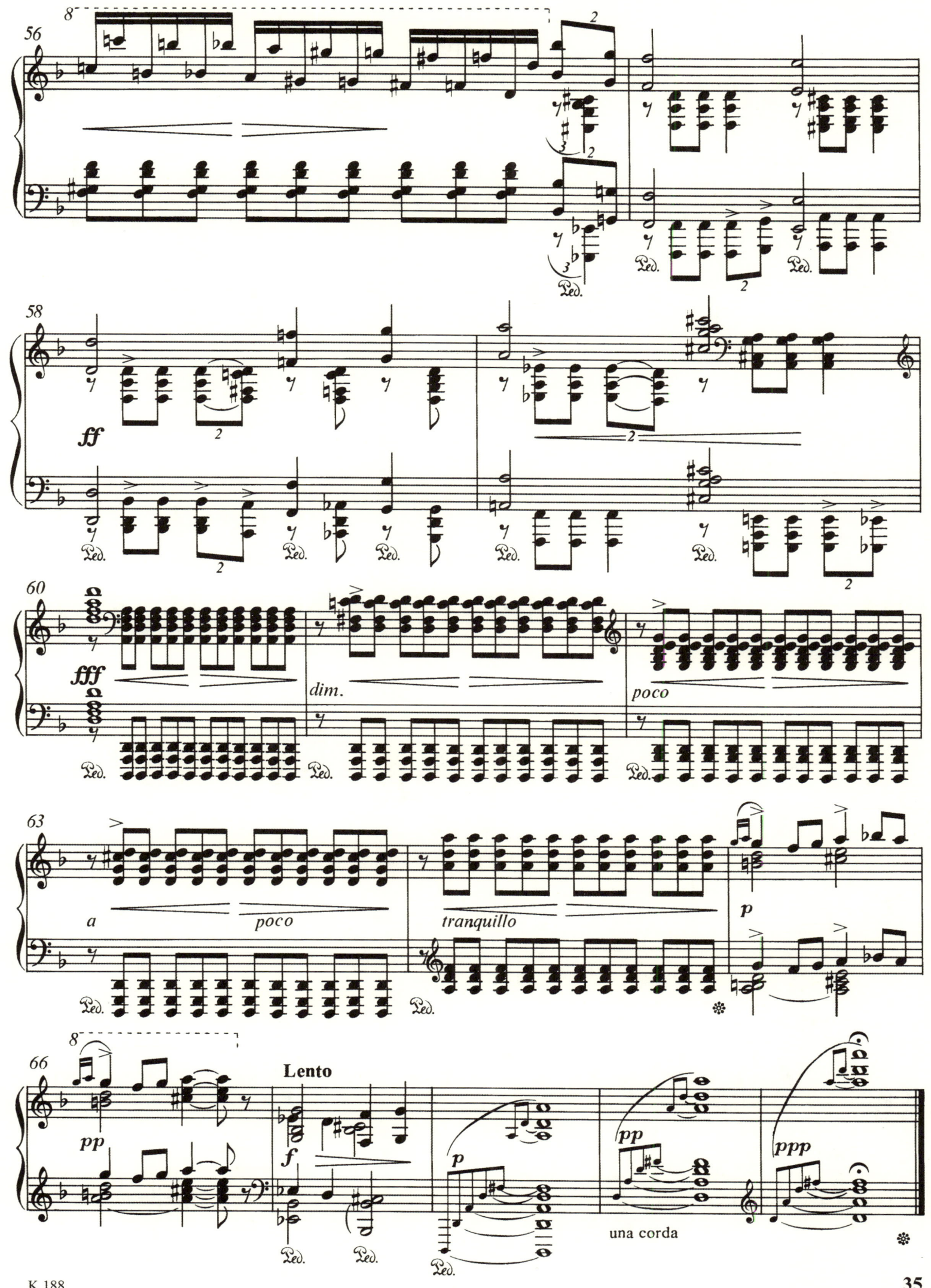

Til våren

To Spring – Dem Lenz soll mein Lied erklingen – Au printemps

Klaverstykker etter egne sanger
Piano transcriptions of own songs – Klavierstücke nach eigenen Liedern
Transcriptions d'après ses propres mélodies

Op. 52

Modersorg
A Mother's Grief – Mutterschmerz – Deuil maternal

Det første møte
The First Meeting – Erstes Begegnen – Première rencontre

Du fatter ej bølgernes evige gang
The Poet's Heart – Des Dichters Herz – Le cœur du poète

Solveigs sang
Solveig's Song – Solveigs Lied – Chanson de Solveig

Kjaerlighed
Love – Liebe – Tendresse

Gamle mor
The Old Mother – Die alte Mutter – La vieille mère

Stemninger
Moods – Stimmungen – Impressions

Op. 73

Resignasjon
Resignation

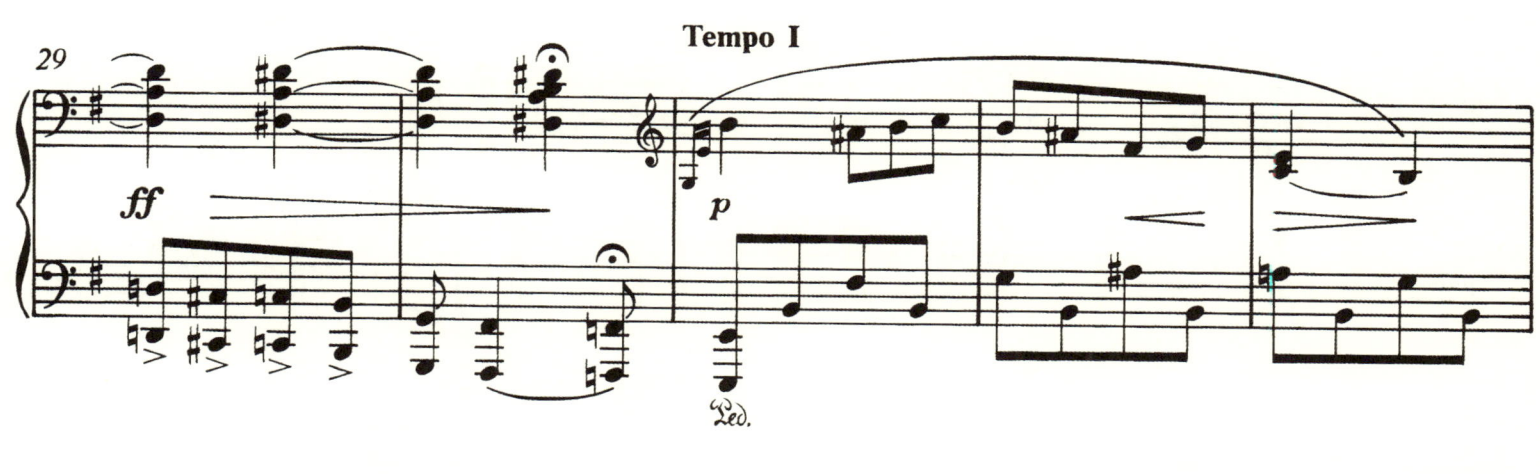

Scherzo-Impromptu

Nattlig ritt

Night Ride – Nächtlicher Ritt – Chevauchée nocturne

*) Play the melody with the thumb throughout (Grieg).
   Die Melodie immer mit dem Daumen zu spielen (Grieg).
   Jouer la mélodie avec le pouce (Grieg).

Folketone
Folk Melody – Volkston – Mélodie populaire

Studie
(Hommage à Chopin)

Studenternes Serenade

Students' Serenade – Serenade der Studenten – Sérénade estudiantine

Lualåt

Mountaineer's Song – Gebirgsweise – Chant du montagnard

Dansen går
In the Whirl of the Dance – Im wirbelnden Tanz – Danse tourbillonnante

Op. post.